まんが

無防備マンが行く！

あきもとゆみこ

～主な登場人物たち～

無防備《むぼうび》マン

この物語の主人公。
無防備地域を作る
ために活躍する。

タロウ

無防備マンから
平和について
色々と学んでいく少年

喜屋武《きゃん》亀男《かめお》・鶴男《つるお》
前島の歴史を語る双子の兄弟
分校長《ぶんこうちょう》
前島を救った島の代表
上里《うえさと》実雄《さねお》
沖縄の激戦を体験した学校の先生
九条《くじょう》憲護《けんご》
憲法をこよなく愛する法律家
おばあさん
署名に協力するおばあさん

〈まんが〉無防備マンが行く！

目次

「無防備マン登場!!」

チラ
どーも!
皆さまはじめまして!
私は…

無《む》防《ぼう》備《び》
万《まん》作《さく》と
申しまして
皆さんから
無防備マンと
呼ばれて
おります！
ヨロシク！
仕事は
サラリーマンを
しておりますが、

世界のどこかで
戦争がおこると
服を着がえて
無防備マンに
変装し、
無
平和のために
無

戦争反対のデモに
行ったりしてるけど…
戦争反対
NO WAR
平和
STOP WAR
戦争反対
本来の私の目標は…
無
この世界に無防備地域を作ることなのです!
無

あのお〜さっきから聞いてたんですけど、無防備地域ってなんですか？
・・
無
君は？
はあタロウといいます
ボクいつも思うんですけど…なんで人は戦争をするんですか？
？？？？

戦争ってたくさんの人が殺されてしまうんでしょう？
そんなの誰もがイヤなのになんで戦争がなくならないんだろう？
ボクの尊敬するチャップリンがこんなことを言ってます！

日常で人ひとり
殺したら
犯罪者として
罰せられるけど
戦争で大量に
人を殺すと
英雄扱いされ、
勲章までもらえる
といってます。
ボクは
こんな
おかしな
ことは
ないと
ずっーと
思ってました！

そうか…今時の
若者なのに
しっかり考えてる
なあ…。
じゃ
戦争について
のこと、そして
無防備とは
なにか…
なぜ無防備
地域を作ることが
平和になるのか
を
お話しよう

「戦争って!?」

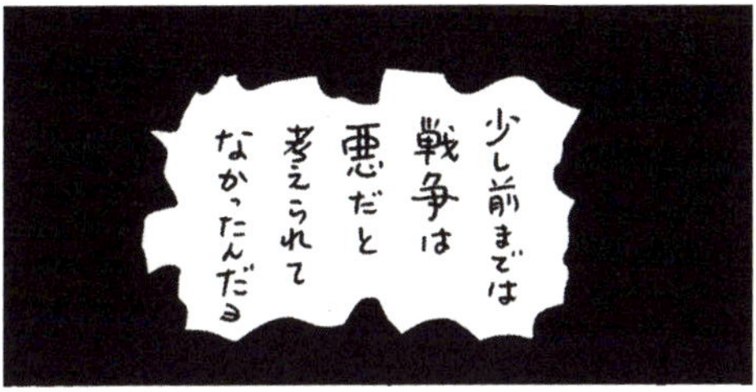
少し前までは
戦争は
悪だと
考えられて
なかったんだョ

そもそも戦争というものは太古の昔からおこなわれてたんだ。
当時は食料を求めて
食物のとれる肥よくな土地に住む部族と争そったんだ。
無

そして
文明が発達
してくると
民を束《たば》ねた
支配者が
現われた。
王と呼ばれた
支配者たちは、
ここは
ワシのものゾ!
彼らの権力欲による
領土争いで
戦いが続いたんだよ。

そして王たちが支配した領土は
国という単位で現在の世界の形になっているんだよ。
…そして二十世紀に入り第一次第二次世界大戦という未曾有《みぞう》の世界中を巻きこんだ大戦がおこなわれた。
なんだよく知ってるじゃないか!

学校で習ったことを言っただけです。
ただボクが疑問に思うのは、何故、人は歴史に学ばないのかということなんです！
歴史を学べば戦争なんて悲さんで悪いことだと誰でもわかることなのに何故いつまでも戦争を続けているのか……それがボクにはわからないんですよ。
タロウくん、戦争はよくない悪いものだということは現在の多くの人たちはそう思っているけれど…

少し前までは戦争は悪だと考えられてなかったんだヨ
えっ。そうなんですか!?
だいたい昔から戦争に負ければ
今日からここはワシの国じゃ!
領土はとられ、

そこに住む民は
奴隷にされたんだ。
自分たちの
言葉や文化も
否定されたり…
戦争に負ける
ということは
とんでもなく
悲さんで
苦痛なこと
だったんだよ。
だから
国を守るため
お国のため
に
戦争
が続
いたの
さ！
無

わかるかい?
そうだ!フランスのパリに凱旋《ガイセン》門《モン》というのがあるけど知ってるかい?
ハイ
無

その名のとおり
凱《ガイ》旋《セン》門《モン》とは
戦いに勝って帰える
という意味の門で
フランスを勝利に
導いた
ナポレオンの戦勝を
記念して作られたんだ。
戦うということは、
国のためによく
がんばってくれ
たとい
うことで、
その
国の人
たちにとっては
勝利した軍人を
英雄という
存在に感じたのさ。
無

だから敵の兵士を大量に殺したら勲章がもらえるということになるのさ。
あ～
おほん！

えっー 戦争が国を守るために国のために国益のために今まで続いてきたけど.
例えば、この前のアメリカがおこしたイラク戦争もアメリカの国益のためだったんだよ!
国益ですか?

そーさ。世界で第三位の石油資源をもつイラクを自分たちの手元において
石油の利権を
支配することが
アメリカにとっての国益、よーするにその国にとって利益があるとゆうことなんだ！

それを我国の小泉元首相はアメリカに同調して
これは
日本の国益です!
イラクに自衛隊を派兵してしまったんだ
憲法を無視してまで
あの～質問です
なんでそんなにアメリカも日本も石油が必要なんですか?

あ～ボクすごく初歩的なことを聞いているのかなあ…
イヤイヤそんなことないよ。
ところでタロウくん、今着てる服はなんで作られてるの？

えっ、この服ですか？
えっーと…
ポリエステル100%って書いてあります。
じゃそれは石油でできてるんだ！

えっ!?この服が石油でできているんですか?
そーだよ。中東地域の石油を輸入して
色々な製品が作られてるのさ。
車のガソリンはもちろんのこと

私たちがいつも使ってるたくさんのプラスチック製品は、
石油が原料なんだよ。
先進国といわれる他の国々も
石油産出国の中東地域から
大量の石油を
毎日輸入しているんだよ。

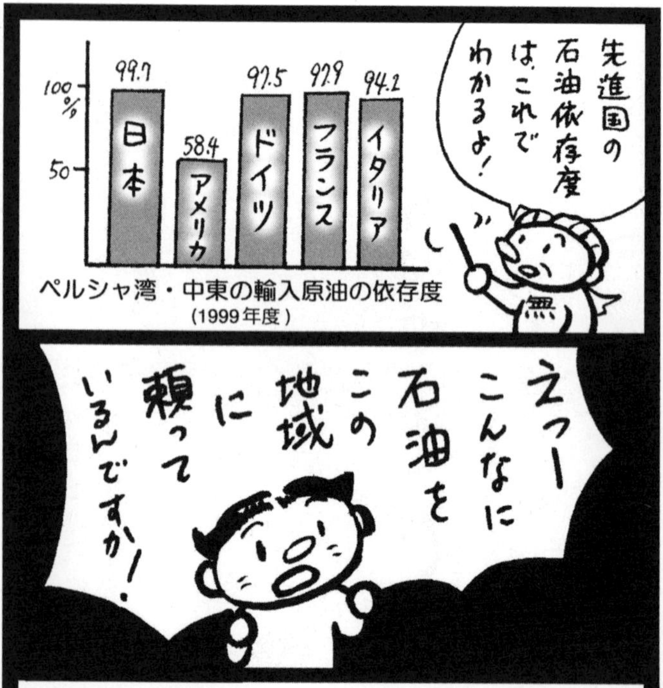
先進国の石油依存度はこれでわかるよ！
99.7
58.4
97.5
97.9
94.2
100%
50
日本
アメリカ
ドイツ
フランス
イタリア
ペルシャ湾・中東の輸入原油の依存度
(1999年度)
えっーこんなに石油をこの地域に頼っているんですか！
そうさ。だから中東のこの地域は世界中の先進工業国にとって非常に重要な地域なんだよ！

そんなわけでこの石油産出国のイラクにアメリカは自分たちのいうことも聞かないフセイン政権を攻撃したんだ!!
でもアメリカは大量破壊兵器がイラクにあるから独裁者のフセインをやっつけるために正義の戦争をすると言ってましたよ。
正義の戦争!?

タロウくんはそんな戦争もちろん信じてないよね。
あっ、あたり前じゃないですか！
戦争に正義なんてあるわけないッスよ!!

イヤ〜ごめんごめん！戦争に疑問をもってるタロウくんにこんなことを言って……。
無
しかしね、アメリカではこの正義の戦争という言葉に乗せられた人がたくさんいたからあの戦争が始まったんだよ。
「自由のために民主主義のために独裁者フセインを倒そう！」というスローガンをかかげ、

結局アメリカのブッシュ大統領は
民間人だけでも約４万人のイラクの人たちを殺したんだ！
えっ、４万人も！
で、でも軍事施設の爆撃だけで、そんな被害はなかったって…。
※イラクの犠牲者は10万人以上とも言われている。
全々違うよ！軍事施設をピンポイントで狙って
被害は最小にしたと米軍は言ってるけど
無

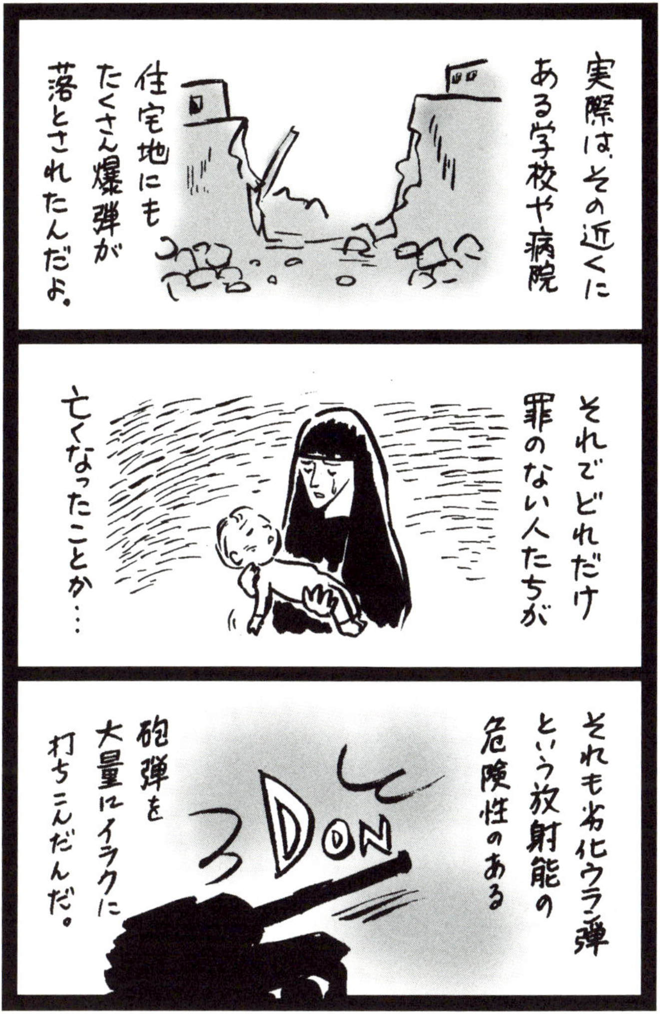
実際は、その近くに
ある学校や病院
住宅地にも
たくさん爆弾が
落とされたんだよ。
それでどれだけ
罪のない人たちが
亡くなったことか…
それも劣化ウラン弾
という放射能の
危険性のある
砲弾を
大量にイラクに
打ちこんだんだ。
DON

91年の湾岸戦争から使われてたから、
その後、ガンや白血病に苦しむイラクの子供たちが増えたんだ。
そして今回のイラク戦争は終わったけど米軍が現在もイラクに駐留しているせいで
米軍に反対するテロ活動が盛んになり、米軍とテロ集団の攻防でイラクの人たちの犠牲が更に増えているんだ!
結局アメリカの言ってた大量破壊兵器は見つからず、イラクを攻撃した理由が、なくなったんだよ!

国際法で考えるとブッシュ大統領は大犯罪人だよ!!
国際法?
ああ、総称的な言い方だけど国際社会の中でのルールなんだ。主に条約があるけどとりきめをする国や地域がその内容に同意していないと成立しないんだ。
アメリカはそういう条約に対して同意していないから裁けないいんだ!

なんでブッシュみたいな人間が、又、選ばれるんですか!?
まだまだ戦争という手段でしか考えられない
アメリカ人が多いとゆうことなんだよ。
残念ながら現在までこうして戦争を続けているんだから、人間というものは全く愚かなものだよ。

人類の歴史は戦争の歴史といわれているが残念ながらそれは過言ではないのさ。
……
そっそんなあ！

なに言ってるんですか!
人類の歴史が戦争の歴史だからって、
だからどーだと言うんですか!!
戦争なんて肯定しないで下さいヨォ!!!

ど、どーしたんですか?
何がおかしいんですか?
私が戦争を認めてると思ったのかい?
違うに決まってるだろ。ただ今までの戦争の話をしただけさ。
無

そもそも今まで人間はこの長い歴史の中で戦争が悪だということすら知らなかったんだ！
だけどようやく戦争をすることによって、たくさんの人が苦しみ、戦争は愚かで悪いことだと、やっと気づき始めたんだよ！
タロウくんのように「戦争は悪い！」という若い人がここにいることで充分証明してくれてるよ！

君たちには未来があるんだ！
そして平和への夢をもつんだ！
この世界からどうしたら戦争をなくせるか！
本当の平和をどう作るか！
それが、
無防備地域宣言なんだよ！

えっー みなさま
この章での戦争について一言、つけくわえさせて頂きます。
人類は戦争の歴史、と申し上げましたが、実は日本の場合は、そうではなかったんですヨ!
というのは、日本で戦争がはじまったといわれるのは、弥生時代からで、紀元前四百年に北九州ではじまったようです。

何故それがわかるかというと、
遺跡から、狩りに使っていた生活道具以外の剣や矢じりが出てきたからです。
他にも矢じりがささったままの人骨が出てきたり…
だから日本での戦争の歴史はそれから2500年ということになるのです!
日本列島ではそれまで10万年近く人が住んでたけれど、
戦争の痕跡《こんせき》が見つかってないので戦争がなかったともいえるのです。
無

じゃ、そう考えると戦争の歴史は、人類の歴史の中では、かなり短いとゆうことですか？
そういうことさ！日本だけじゃなく世界でも同じようなことがいえるんだよ！
そっかー それを聞いてボク、元気ができましたあ！！

「無防備地域宣言って!?」

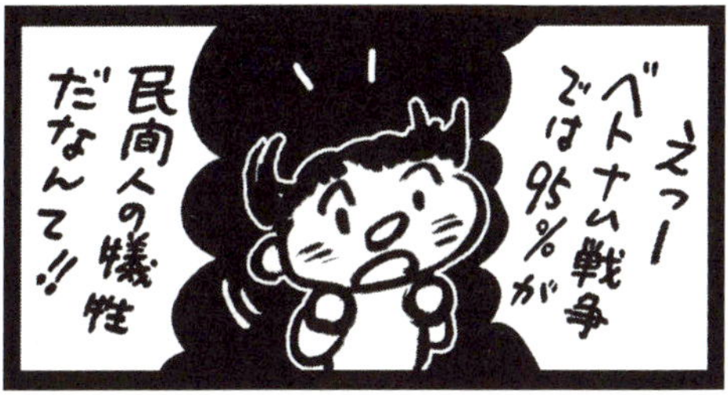
えっー
ベトナム戦争
では95%が
民間人の犠牲
だなんて!!

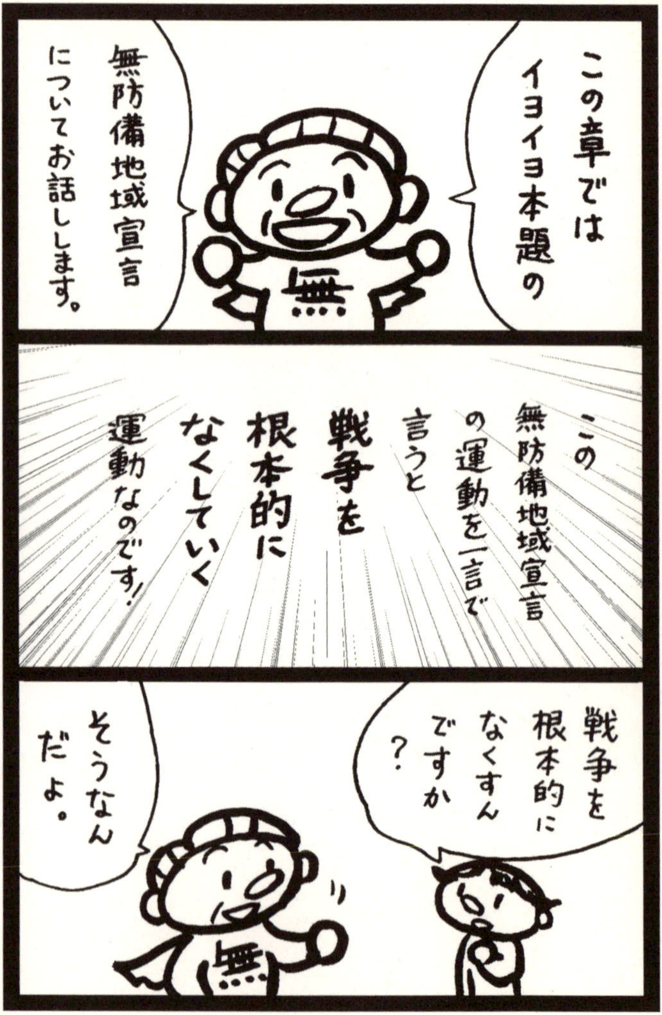
この章ではイヨイヨ本題の
無防備地域宣言についてお話しします。
この無防備地域宣言の運動を一言で言うと
戦争を根本的になくしていく運動なのです!
戦争を根本的になくすんですか?
そうなんだよ。

この無防備地域というのは軍隊を入れず軍事施設を置かない地域のことを言うんだよ。
要するに戦争に一切関わらない地域を作ろうとしているのさ。
無
へぇー軍隊や軍事施設がないと
戦争と一切関わらずにすむんですか？

そうだよ。実はね、ジュネーブ条約という国際法があるんだけどね、
この国際法にもとづいて「この地域は無防備地域です」と宣言することで認められるんだよ！
勝手にここは無防備地域ですと
言うんじゃなくて国際法で決められているんですね！

ああ そうさ。ジュネーブ条約の第一追加議定書の59条にキチこと規定されているんだよ！
それには条件が4つあるんだけど
まず一つは、戦闘員、移動兵器の撤去をされてること
まあ、武器をもった兵隊を無防備地域には入れないとゆうことさ。

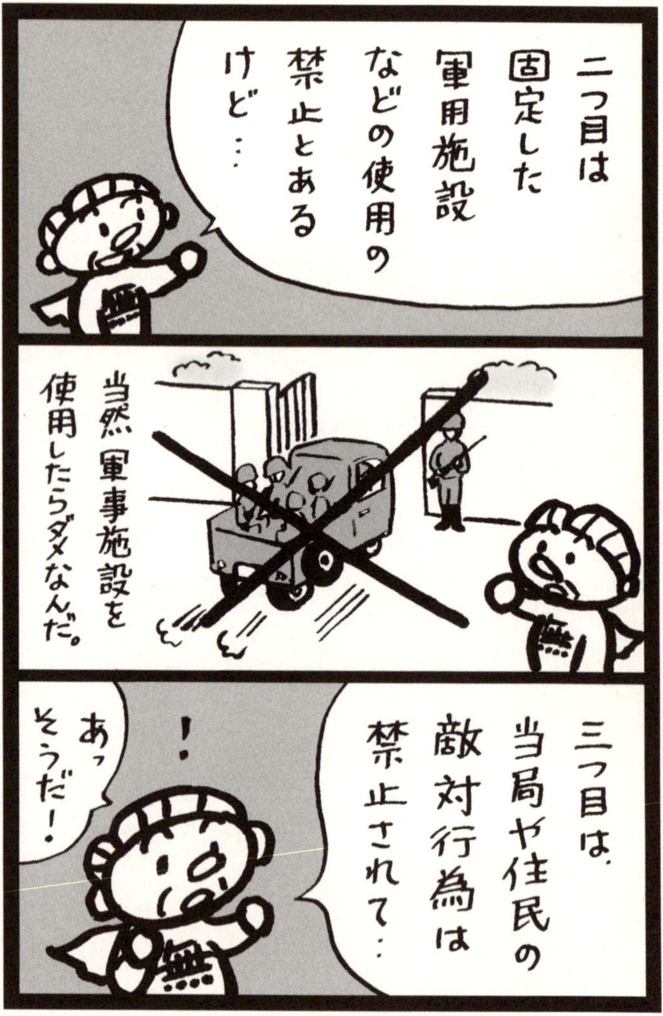

二つ目は固定した軍用施設などの使用の禁止とあるけど…
当然軍事施設を使用したらダメなんだ。
三つ目は、当局や住民の敵対行為は禁止されて…
!
あっそうだ!

お国のために
とりゃー！
戦時中ばあちゃん長刀《なぎなた》やってたなぁ…
これもダメ！
こりゃバッつけるな!!
四つ目は軍事行動を支援する活動をおこなわない。

兵隊さん これ食べて がんばって 下さい！
ありがとう
なんか ほほえましい例だけど
これもダメ！
要するに 戦争を支援するような ことを 一切 しない 地域だ と宣言する ことなんだよ！

つまりこれらの項目をパスすれば
無防備地域宣言ができるんですね！
そーゆうことなんだ。ちっともむずかしくないだろ。
コックリ
でも…それって…なんかずるい気がします。

えっ⁉
だって、そーじゃないですか！自分の地域だけが戦争に関係せず平和になればいいなんて、そんなの変ですヨオ‼
自分の地域だけが平和になる⁉
？

そーゆうことなんでしょ！
ち、違うよ……
ハハハハハハハハハハハハ
何がおかしいんですか!?
そんな了見の狭いことで……
平和を作るなんてできないよ……
ハハハハハハ
へえっ。

いいかい、この運動は一切の軍備を排除した無防備地域、要するにピースゾーンをドンドン作っていくことが目的なんだ！
今の世界は残念ながらこれまでの歴史の流れですっかり戦争ができるシステムができあがってしまっているんだ。
それを私たちは、その戦争のできるシステムを根本的に変えるためにこの運動を始めたんだよ。

まず武器を
もたない
軍隊を
置かないとゆう
ことで
この世界から
大量殺人をする
武器
と
大量
殺人
集団の軍隊を
なくしていくんだ!
あの沖縄の音楽家
の喜《き》納《な》昌《しょう》吉《きさ》さんも
泣きなさ〜い
笑いなさ〜い
全ての武器を
楽器に!!
と言ってる
ぐらいだよ。

世界中に軍備のない平和な環境を作るために無防備地域宣言の運動を始めたんだよ!
無
だから一ケ所だけ無防備地域を作るためにやってるなんて、そんな器の小さな運動ではないんだよ!
わかってくれたかい?
ハイ

おっしゃることは、よくわかりました
ただ…
ただなんだね？
無防備地域宣言をしたからって、
本当に大丈夫なんですか？

本当にそれをすることで戦争にかかわらなくていいんですか？
こっちが戦争をしたくなくてももし攻めてきたらどうするんですか？
うーん。
確かにそう思うのもわかるよ。

だけどこうも考えられるんじゃないかな?
ハッ?
もし、攻める側がこの無防備地域宣言をしている地域としていない地域ならどっちを攻撃すると思う?
そりゃ…
宣言していない地域です

そうだろ、わざわざ無防備地域宣言をしている地域を選んで攻撃するとは考えられないだろう。
第一逆に防備してたら攻撃されないなんて
いえるのかい？
あっ

それどころか今まで軍隊や武器などの軍備があったから戦争の歴史が築かれてきてるんだよ！
要するに軍備があるから相手の軍事力を弱めるために敵は攻撃して戦争となるんだ！
あのイラク戦争も61年前の日本の空襲でも軍備があったから爆弾を落とされ攻撃されたんだよ！

その結果
軍備のあった
地域の
住人の
犠牲
は
とんでもない
数となって
しまったんだよ。
だから
無防備地域宣言
の規定が
できた
んだが
その
キッカケ
となった
のは…!
まだ言って
なかったね
ハイ!
無
二十世紀に入って
からの戦争は
軍備が拡大され、

軍人だけでなく
ドン
キャー
民間人にも多数の
犠牲者がでたんだ。
戦争での死亡者の割合
軍人
民間人
100%
5%
95%
48%
52
84%
16
95%
5
第一次世界大戦
第二次世界大戦
朝鮮戦争
ベトナム戦争
これを見てごらん
えっ！
ベトナム戦争では95%が
民間人の犠牲だなんて!!

ベトナム戦争での死亡比率
民間人
95%
軍人
5%
そーほとんどが民間人だからね
無
そんなわけでこのベトナム戦争後の一九七七年ジュネーブ条約の
第一追加議定書の第59条に
無
軍人と民間人を区別し、住民を保護する目的で「無防備地域宣言」が盛りこまれたというわけだよ。

そうゆう経緯があるんだよ。
わかった？
あ…ハイ
よくわかりました。あの…でも…
ボクまだ聞きたいことが色々と…
！

そうだ！タロウくん、実際に無防備地域をやった話があるんだ!!
えっ
当時のことをよく知ってる人に直接話を聞いてみるかい!?
本当ですか!!
じゃ今から沖縄まで行くからしっかり手をにぎってるんだヨ！
あっハイ！

「軍は守るどころか・・沖縄戦」

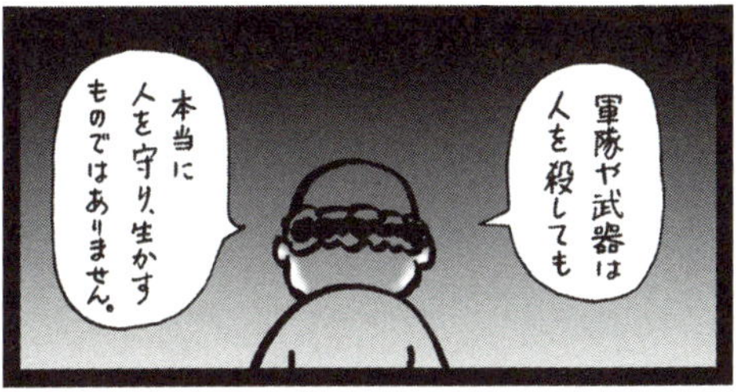
軍隊や武器は
人を殺しても
本当に
人を守り、生かす
ものではありません。

もうすぐだよ
沖縄だよ
細長いですね
無防備地域宣言のモデルとなったのが
あの前島って島だよ

ところでタロウくんは沖縄戦については知ってるかい？
日本で唯一地上戦をやったってことぐらいは聞いたけど…
沖縄戦は、住民を巻きこんだそれは悲惨なものだったんだよ。
へぇ

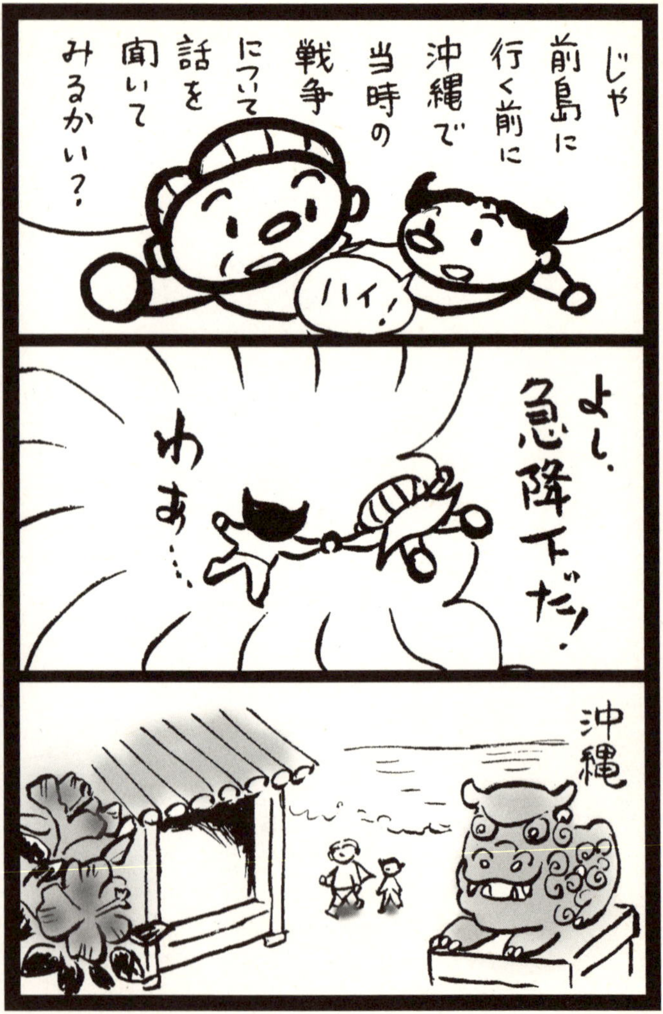
じゃ前島に行く前に沖縄で当時の戦争について話を聞いてみるかい？
ハイ！
よし、急降下だッ！
わあ…
沖縄

うわぁ～暑いですねぇ
沖縄は、初めてなんだね！じゃ今から沖縄戦を体験された上里さんという学校の先生に会いに行こう！
上里さんこんにちわ
おや、無防備マンさんじゃないですか!!
タ、タロウといいます
遠いところをわざわざようこそ！

あのお
早速ですけど
沖縄戦に
ついて
お話を
うかがい
たいんです
が？
サッ
あっ、
あの～
どーした
んです
か!?

ごめんなさい。もう大丈夫です。
イヤ〜沖縄戦のことは、61年たった今でも胸がはりさけそうで…
つらい気持ちで一杯になってしまうんです。
そんなことで私は今まで61年間沖縄戦の話は誰にも話さなかったのです。
無
無

し、しかし、この間のイラク戦争を見て、戦争というものは、いかに悪いか！
そして軍隊というものはいかに住民を守らないか！
守らないどころか……
サッ
とにかく語ることにしました。

当時小学生だった私は……
アメリカの爆撃で家は焼かれ
ダッダッダ
逃げまどう日々が続きました。
ある避難先でのことでした。
オギャー
オギャー

静かにさせろヨ!
オギャーオギャー
敵に見つかるじゃないか!!
すいません
ぼうや泣いたらダメよ
オギャオギャ

ばあー！
べろべろべろ
わあ

おお よしよし
ご ごめんなさい
実雄《さねお》、こっちにきなさい!
よけいなことをするんじゃない!

お前まで泣くな!
だってボクゥ…
キャー返して下さい!!

今でも忘れません。
オギャ！
オギャ、、
ぼうや
一人の日本兵が
母親から赤坊をうばい、
もっていた銃剣の先で
キャー
赤坊を
刺し殺したのです。
実雄
見るな！
見るんじゃない！

私は、あの惨劇が
目にこびりついて
こわくて こわくて
父ちゃん……
ふるえが止まりま
せんでした。
味方のはずの
日本兵が
我々を守る
どころか…
こんなことを
しやがって….

私が体験したこのようなことは当時の沖縄では各地でおこっていました。
ひっひどい…
いくらなんでもそんなひどいことを…

戦局がひどくなり、日本兵は追いつめられてたのでしょう。
他にもこんなことがありました。
彼らにわからない沖縄の方言を使う住民は
おい貴様ー
今、何って言った！
スパイ容疑でつかまり、
あの人帰ってこないのです…
二度と家には戻ってきませんでした。

又、米軍に拉致《らち》され
「投降勧告《とうこうかんこく》」を託《たく》され
戻って来た住民を
お前は敵のスパイだ!!
ギャー
と処刑しました。
そして日本軍は
今からここは我々が使うので出て行け!!
避難場所から住民をおい出し、

米軍の爆撃のまっただ中に住民をおいやり、
多くの人々は命を落としていったのです。
まだまだ語りつくせません。
日本軍のひどい話はもっとたくさんあります。
あっあんまりだあ

よしよし
おじさーん!
あっ、イヤ〜えらい
泣かしてしまって…すまないねえ…
イエイエ実際に体験された上里さんのお話の重さにびっくりしたんですヨ!

タロウくん私の気持ちをわかってくれて本当にありがとう
イエ…イエ…ぼっ、ぼくこそこんなに泣いてしまってごめんなさい〜！
ヒック
だっ、だけど本来味方のはずの日本軍はなんでそんなことをしたんですか？

敗戦色が強くなり、日本軍は焦りから疑心暗鬼におちいったと思います。
もちろん全ての兵隊がこんな人ばかりではありません。
戦争がひどくなる前の話ですけど
親切にしてもらったこともありました。
当時、全てのものは配給で物がありませんでした。
私は学校に行くにも裸足で通っているほどでした。

君、これをはきなさい!!
秋田県出身のその兵隊さんは
自分で編んだわらじを私にくれました。

なんかそれを聞いて少しほっとしました
今となったらひどい話ばかりですが
当時の日本は軍国主義といって軍部が力を握っていたのです。
学校でも
君たちは、お国のためにそして天皇陛下のために命をささげるんだ！
と教えられました。

だから私も
大きくなったら
ハイ!
立派な兵隊になって
戦うんだと思ってました。
そんなものだから、
国民の全てに
戦争を関わらせ
「日本は絶対に
勝つんだ!」
という風に
当時の軍部は
戦意高揚を
させたのです。
じゃ
なんで
沖縄だけが
こんなに
軍隊に
ひどい
目に
あわされる
んですか?

そもそも沖縄は本土の防波堤として位置づけられてたのです。
本土の防波堤!?
だんだんと日本の敗戦色が強まってきた中で米軍の本土への進行をくい止めるために沖縄は戦いを強いられたのです。

そんな理由で本土とは違って「軍民一体」という軍隊と民間人がいっしょになって戦う方針がとられたのです。
だから日本で初めての地上戦となったわけですね!
そうです! 沖縄の男は防衛隊として召集され、
学生たちも戦闘に参加させられました!

又、女学生たちも負傷兵の看護のために軍隊と共に行動させられました。
あの有名な「ひめゆり隊」もその一つです。
沖縄県民は、常に軍隊と共にしたことでこのような悲劇や
多数の犠牲者を出してしまったのです。
だから当時四十数万人いた沖縄県民のうち、
約十四万人が亡くなりました。

だいたい沖縄は本土とは、もとから言葉も文化も違う民族で、
小さな独立国だったんです。
本土に併合《へいごう》される十九世紀末までは
「琉球《りゅうきゅう》王国」として存在してました。
私の濃い南方系のこの顔とあなた方とは少し違うでしょ。
無

だから独自な文化の我々沖縄の人間は、本土の捨て石にされたと感じているんです。
そ？そんなぁ捨て石だなんて……
ボクたちそんな風に沖縄の人たちのことを思ってませんよ！

もちろんわかってます。ただ沖縄には現在もあの戦争との関わりが
しっかり切り離せない状態で続いているんです!
戦争と切り離せない状態!?
はい。ご存じだと思いますが、沖縄には現在米軍の基地が
全国の3/4集中して置かれております。

3/4もですか
そうです。75%の米軍の基地が、沖縄に集中してるのですヨ！
あの戦争後、61年の間、ずっーと置かれ続けているのです！
そのせいで米軍人の住民への犯罪も多く、
少女への暴行事件は頻繁におこっています。

そして全国にある米軍のおこした事件事故は
一九五二年から二〇〇四年まで二十万一千件もあるんですよ!!
えっー
20万件以上も!
そうです! そしてその6割が、沖縄でおこっているんですが、
一九七二年の沖縄返還以降の件数ですから、実際は、もっと多いんです!!

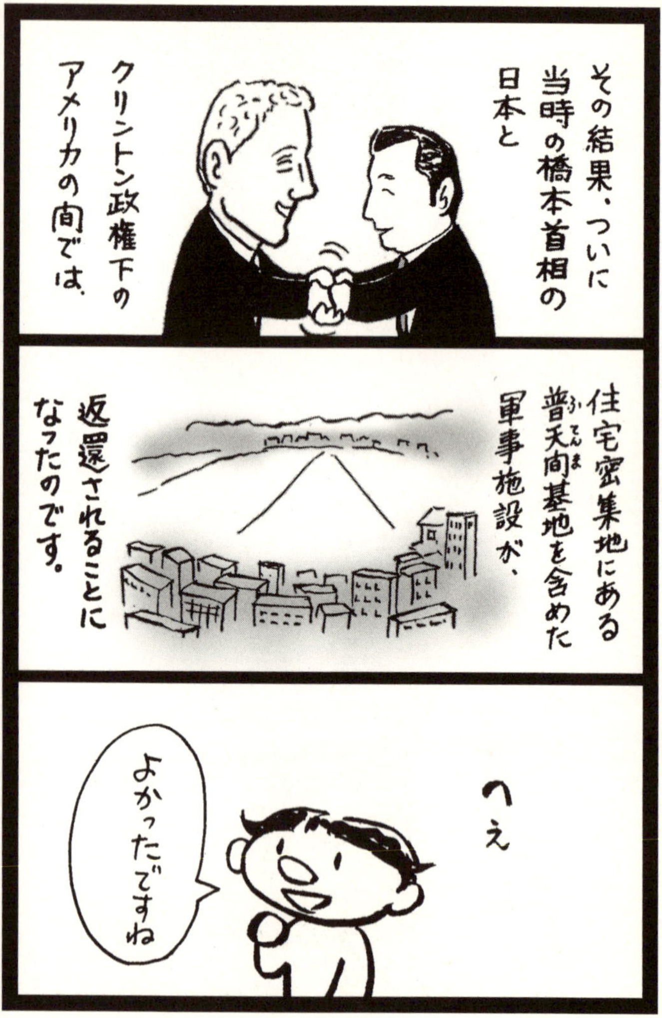
その結果、ついに
当時の橋本首相の
日本と
クリントン政権下の
アメリカの間では、
住宅密集地にある
普天間《ふてんま》基地を含めた
軍事施設が、
返還されることに
なったのです。
へえ
よかったですね

しかし、喜んだのもつかの間でした。
基地の県外への移設はむずかしく、結局、県内での移設の話に変わったのです。
このように県内移設の話となったのです
宜野湾市《ぎのわんし》
普天間基地《ふてんまきち》
名護市《なごし》
辺野古《へのこ》
そっ、そんな…
じゃ移設先の住民の人たちは、受け入れたんですか？

いいえ、当然
移設の候補地に
上った辺野古の
人たちも住民投票で
反対を表明
しています!!
それに基地計画してる
辺野古沿岸は
ジュゴンという
貴重な動物の
生息地なんです。
ここに基地建設を
すれば、
サンゴ礁の美しい
海はこわされ、
ジュゴンは住めなく
なってしまいます。

しかし、ご存じかと思いますが、
アメリカと現政府は、沖縄県民の意志に反して、辺野古沿岸の基地建設を合意しました！
じゃ
結局なにも変わらないんじゃないの…
いえ、確かに戦闘機の騒音公害や大学に米軍のヘリが落ちるような市街地の危険な普天間基地はなくなりますが……

移設後の
辺野古沿岸では、
普天間基地では
できなかった
強力な
戦闘機の
配備や
又、撤去
できない
巨大軍事
空港の建設など
基地が更に強化し
固定化されます。
それに米軍だけでなく、
日本の自衛隊との
共同訓練の実施など
日本自体も米軍との
関わりが強くなるんです!
そういったことで、
沖縄だけでなく
日本全体も
軍事色が
強まってくるんですよ!

えっ・そんなの
ぶるん ぶるん
イヤだあ!!
辺野古沖への基地移設に対して
この表を見て下さい!
7% 支持
他
85.2% 不支持
日米合意案が出てからの県民の声です。
2005.11.4 琉球新報世論調査より
不支持の内容は県外・海外移設又は、即時閉鎖無条件返還というもので、
沖縄県民は本当に基地がなくなって欲しいと思っているんです!

20万件以上の事故事件がおこっていても日本の法律では、我々は彼らを裁くことができない!
そんな不当な基地が、本当に必要なのでしょうか!?
毎年、二千億円以上もの日本の税金が在日米軍に使われていますが、
財政難の今の日本は、なぜそこまで基地が必要なのでしょうか!?
天然記念物のジュゴンたちが棲《す》む海の環境をこわしてまで
「軍事基地」は本当に必要なものなのでしょうか!?

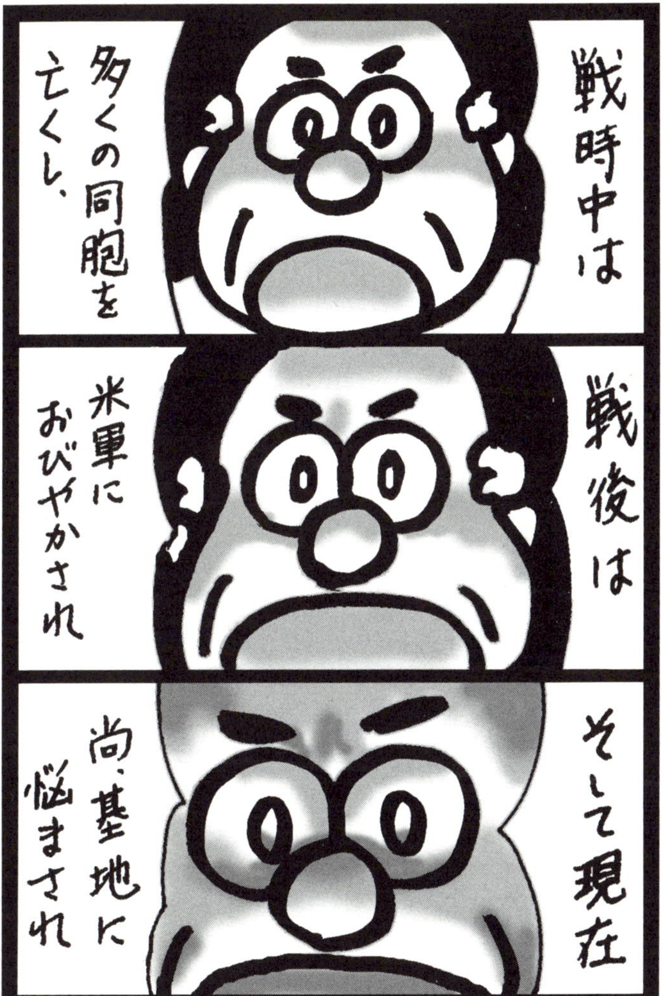
戦時中は
多くの同胞を
亡くし、
戦後は
米軍に
おびやかされ
そして現在
尚、基地に
悩まされ

これが……
これが、
沖縄の現状なのです!
ご、ごめんなさい
ぼく、何も知らなくて…
沖縄の人たちがこんなに苦しんでいるなんて…

もお泣かないで下さい。
全ては戦争をおこす人間の心が悪いのです。
戦争は人を狂わせ、人を鬼にし、この世を地獄にします。

だから
どんな理由が
あっても
戦争を
してはいけない。
そして
その戦争を
作りだしてしまう
軍隊や武器、
そして基地を
なくさなければ
ならないのです。
軍隊や武器は
人を殺しても
本当に
人を守り、生かす
ものではありません。

これは61年前に戦争を体験し、
基地を見てきた
私たちだから
断言できるのです!

ところでタロウくん
「命《ぬち》どう宝《たから》」という言葉を知ってますか？
命《ぬち》どう宝!?

はい、これは沖縄の古い言葉で
「命が一番大事!」という戦後の沖縄の人たちを支えた言葉です。
たくさんの尊い命をなくした私たち沖縄の人間は
この言葉を心に刻んで生きてきました。
沖縄では、傷つけられたことを
決して憎しみとして持ち続けるのではなく、

「命どう宝」という
生命の尊厳を
伝えることで、
平和を願い
その思いを
たくさんの慰霊塔や
平和施設を作って
表わしています。
ひめゆり

せっかく沖縄に来られたのですから
是非行ってみて下さい!
ハイ!
平和祈念公園

あっ 一杯名前が刻まれてる！
これは、「平和の礎《いしじ》」といって、沖縄戦で亡くなった人たちの名前が刻まれているんだよ。
外国人の名前もありますよ！

そうだよ。
ここは国籍を向わず
亡くなった全ての人たちの名前が刻まれてるんだ。
沖縄県民だけじゃなく、
日本軍人も
敵の米軍人の名前もあるんだよ。
ねぇ無防備マンのおじさん
えっ

今回沖縄に来てぼく思ったんですけど
当然平和は大切と思ってたけど実際に戦争を体験した人からお話を聞くと
とても切実でそして戦争をおこしてしまう人間の心ってなんなんだろうって思いました。

もしぼくが戦争でひどい目にあったり、その後も米軍に苦しめられたら、つらすぎて本当に生きていけるのかなあって…
それに沖縄の人たちのように敵や自分を苦しめた人たちの名前を刻むほど許せるのかなあって…
許せてるかどうかはわからないよ。

だけど
その思いを
平和を築く
ことに
変えられてるんじゃ
ないかなあ。
もう、おこって
しまったことは
どうしようも
ないよ!・
けど二度と
あんな戦争が
おこら
ない
ように
する
ことが
大切なんだ!
そのために
ぼくたちは
ここに
来て
るん
じゃ
ないの!?
い

そうですよね！
ぼくもっと平和について勉強したくなりました！
そしてもっとたくさんの人たちに戦争は絶対にしてはいけないってことを伝えていきたいです!!

そうかい
じゃ
ソロソロ
前島に
行って
無防備地域の
勉強
を
して
みる
かい？
はい！
もちろん
です！
つれてって
下さい！
じゃ
行こう
!!
はい!!

「無防備地域だったから救われた前島」

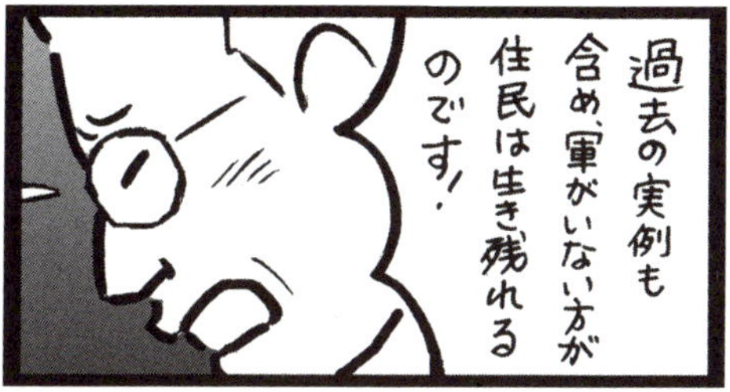
過去の実例も
含め、軍がいない方が
住民は生き残れる
のです！

前島は、
沖縄本島の西の20kmに位置する小さな島だ。
慶良間諸島
沖縄本島
前島
上空から見て思ったんですけど、前島は本当に小さな島ですね。
それでここが無防備地域のモデルになったというけど、人がいないんじゃないですか?

そうさ。現在ここは、無人島なんだよ。
だけど当時は、270人ほどの人が住んでいたんだよ。
あっ喜屋武《キャン》さんご兄弟、もお来てくれてたんですね!
こんにちわタロウといいます!

やあ、よく来たネー!! 私は、兄の喜屋武《キャン》亀男《カメオ》です。
私は、弟の鶴男《ツルオ》です。
えっ どっちも同じ顔!? ふ? 双子さん!
今日は当時この島が無防備状態だったお話をタロウくんに聞かせて頂けますか。
無

イヤ〜分校長先生がおったから私ら死なんですんだんだよ!・
ソーソー
?
分校長先生?
ああ、あの人は立派な先生だよ・私はあの時軍大尉と話とる分校長をコソッと見ていたサー
えっ
そうネー?

先生あの時兵隊に銃剣を突きつけられてネー……
へえ
それで分校長先生ネー
ふんふん
あの～
ボクよくわかんないですけど……
？
？

ああ
そうネー
兄ちゃん、
最初
から説明して
やらんと。
沖縄の激戦の
話は知ってる
ネー？
はい
そんな波が
ここ前島にも
こようとしたサー。
ソーソー

ある日のことさネ
分校長
大変だあ!!
日本兵が
無断で
畑を
測量
してます
ヨ!!

軍はいよいよこの島に兵を入れようとしてるのか…
その後じゃ、村の代表の分校長先生の処に日本軍の陸軍大尉が来たサー
私は見ていたサー
分校長先生って学校の先生なの?

ソーソー国民学校の先生でなあ分校長先生が島の代表もやってたサー
小さい島だからネー。
大尉殿なんのための測量ですか？
この島に一個小隊の兵を置くための準備だ！

それは何故です!?
何故、兵隊を駐屯させるのですか？
決まっておるだろう！おまえたちを守るためだ！
守る!?

お言葉ですが、あなた方が駐屯されると
敵の兵隊が来て攻撃してくるので我々住民も巻きこまれてしまいます！
そうすると住民の中に死者が出ます！
兵隊がいない方が、我々住民は助かるんです!!
小学生の私は、窓からのぞいていたけど、

あのやさしい分校長先生が
ものすごい顔相で軍大尉にくってかかってた。
貴様！軍大尉殿に何を言うか!!
部下の兵隊が突然分校長先生に
あわわ
銃剣を突きつけてきたサー！

貴様は反戦思想の持ち主か!!
いえ、違います、
そうではありません!
お願いです!
駐毛しないで下さい!

貴様まだ言うか!
ああ〜
私はこの島の代表者として島の住民の命を守らなければならないのです!

私は以前中国の上海事変《しゃんはいじへん》に従軍した経験から申し上げているのです!
過去の実例も含め、軍がいない方が住民は生き残れるのです!
それに前島には、軍が駐屯できる食料も水もありません!

この通り平身低頭お願いします！
私の願いをお聞き届け下さい！
無礼者め！
先生！

やめんか！
おまえはこの島の全責任をもつというのか！

もっ、もちろんです！全ての責任は私がもちます!!
行くぞ

そう言って
軍大尉は
分校長先生の
言い分を
聞いてくれたんだ。
その後、
ワンワン
米軍と軍用犬が
前島に上陸してきた。
だけど
前島に
日本軍が
いないことが
わかると
立ち去って行った。

こうして分校長先生の命がけの説得で前島は戦場にならずにすんだサー。
一にも二にも前島には兵隊がいなかったから助かったサー。
タロウくん、今回、沖縄と前島に来てどう思った？

はい。軍隊と共に行動した沖縄と軍隊を拒否した前島との違いがわかりました。
無防備地域って要するに軍隊をもたないことで
戦争をおこさせない環境を作るということですよね。

その通り！私たちの住む地域から戦争のできない環境作りをしようということなんだよ！
あぁボク、もっと無防備地域運動をやりたくなってきましたあ！
なんならいっしょに署名活動でもするかい!?

もちろんですヨ!
じゃ早く帰って署名活動をしましょうヨ!
次はどこで署名活動してるんですか?
えーっと…

「憲法を活かす無防備地域宣言」

戦争に協力しない
無防備地域宣言の
署名をお願いしまーす!
無防備地域宣言
あんた一生懸命世の中のためにがんばってくれてるんやなあ
ワテもなぁさきの戦争で主人をなくしましてなぁほんまにエライ目にあいましたわ・・・

そやけどこの頃、なんや世の中きな臭そうなってきましたなあ
憲法九条変えるいうて・・・
憲法九条!?
へえ、戦争せーへんという大事なものやのに
なんで変えようとするんやろう??

ワテら戦争体験したから思いますけどな、
今、戦前の頃になんや似てきてるようで、こわ思いますわ。
そやからどんなことがあっても戦争だけはしたらあかん！
ワテはこの署名、させてもらいますわ。
じゃ、ここに書いて下さい！

ありがとうございました！
どうだい？
あっ、おじさん！
今、戦争でご主人をなくされたおばあさんが
署名して下さったんです！

なんか憲法9条についておっしゃってました。
無
ぼくもうひとつ憲法について
?
よく知らないんですけど・・
ほっほー憲法について
学ぶ機会ができたってことかね。

ハイ!どんなことでも平和についてつながることなら、ボク、勉強したいです!
それじゃ今から憲法に詳しい私の知人を紹介しよう!
ハイ!
九条法律事務所
えっ…とここだよ

こんにちわ!無防備マンです!
ブツ ブツ ブツ
九条先生あいかわらず研究にご精が出ますね!
あったり前じゃ!!
近頃の政治家が憲法を変えようとしてることに
ワシは危機感をもってるんじゃ

しっかり研究して改憲派の論戦に
勝たねばならぬ!
なっなるほどそりゃそうですよねぇ。
ムーー!
先生、今日は、このタロウくんに先生の研究されている憲法について教えて頂ければと思いまして
ギロ

こっ
こんにちわ
タロウ
ですぅ…
憲法を
学びたいだと？
はっ
はい

よろしい!
近頃の若者にしてはよい姿勢じゃ!
ワシが徹底して教えてやるから覚悟せーよ!!
ではまずワシの名前から説明しよう!
ワシの名は九《く》条《じょう》憲《けん》護《ご》と申す!

九《く》条《じょう》憲《けん》護《ご》！
そうじゃ九条家に生まれたワシの誕生日は、ちょうど日本国憲法が施行された
一九四七年の五月三日じゃ。
そんなことで戦争の苦しさを知ってるワシの父親は
お前は二度と
戦争をしないとうたったこの憲法と共に生きるんだ！

と、息子のワシに憲法を守るという意味で
憲護《けんご》と名づけたんじゃ。ナカナカ説得力のある名じゃろう。
憲法を守る、ですか・・・
何か文句があるのかい!?
いっいいえ

それじゃ君はこの日本国憲法の三大原則を
学校で習ったはずだが、覚えているかね？
えっ、三大原則ですか？
ーう！

こっ国民主権!
これは政治についての最高権力は国民にあるという ことじゃ。
そうじゃ!
戦前までの大日本帝国憲法は天皇が全ての
権力をもっていたわけだが、この憲法では、国民がもつことになったんじゃ!

ニッ！
えっあっ…
きっ
基本的人権！
それを言うなら
基本的人権の尊重じゃ！

要するにじゃな、我々一人一人の人間が生きていく上で
人間らしい権利を保障されるということじゃ!
まず全ての人々が法の下で平等であることが認められ
健康で文化的な最低限度の生活を営む権利など
教育を受ける権利、働く権利、政治に参加する権利、
裁判をおこす権利などまだまだあるゾォ〜

あのぉ〜ボクたちがやっている無防備地域宣言の運動をすることもはいるんですか？
もちろんじゃ思想・良心の自由又は、集会・結社表現の自由として
充分認められる運動じゃ!!
ミッ!

平和主義！
おお…よく覚えて
おったのお…
ああ本当だ…
！
でもボク学校で習ったけど意味までわからなくて暗記してただけですヨ。

あぁ…そっかぁ だからおばあちゃんが憲法九条がって言ってたのは、平和に関係があったんだ。
そうじゃ！それ、憲法九条じゃ!!
これが今、変えられようとされとるんじゃ!!
いいか！この九条があるから日本はこの61年間
戦争をすることのない平和な国だったんじゃ!!

それを
そんな
大事な
九条を
変えようと
今の政府は
考えてるのじゃヨ!!
戦争の
歯止めに
なってる
九条が
変われば
どーなるか
わかってるの
か!!
戦争の
できる国に
なってしまう
んじゃヨオ!!

だ？大丈夫ですか？
ガクッ
ガバ
わぁ…
ワシは絶対に守ってみせる!!

この命に変えても
なんとしてもいじゃ!!
パン
ハァ ハァ ハァ ハァ ハァ ハァ
どうだい?
あっおじさん
無
どーも憲法九条の話になると
すごーく興奮してそれ以上聞けないんです!

ああ…九条先生は憲法の守り神のような人だからね。
それだけ憲法にとって今の政治状況は悪いってことサ！
そうなんですか…
まあねえ……ところでまだ九条について聞いてないんだね？
ハイ

九条というのはね、
まて〜!
ワシが説明する!
九条というのは、まさに戦争の放棄《ほうき》を
明言した条文なのじゃ!

スゥ〜
?
?
日本国
憲法
第九条♪
日本国民は♪
正義と秩序を
基調とする〜
国際平和を
誠実に希求し
国権の発動たる
戦争と
武力による
威嚇又は武力の
行使は〜♪

国際紛争を解決す〜る
手段としては永久にこれを放棄する
歌にして覚えられたんですね。
それもベートーベンの交響曲第九番のメロディにのせて
はぁ〜
第九と第九条とは、上手くあいましたなあ。

イヤ〜
毎日憲法のことばかり考えていたらこれくらい思いつくさ
九条をもっと広げられたらなと思ってな…
ははは ははば
初めて笑ったね
ええ
スゥ〜
第二項 前項の目的を達するた〜め♪
陸海空軍

その他の戦力は
これを保持
しない
国の交戦権は
これを認めない
うわ〜
ブラボー
すご〜い!
パチパチ
おそまつ!
これが
今唄った
楽譜じゃよ
無

〜9999人の「第九で9条」プロジェクトより〜

「第九で9条」

みんなで
唄ってくれ!

♩=104 120
mf
1. に ほ ん こ く け ん ぽう だ い きゅ う じょーう ー
2. こ っー け ん の は つ どう た る せ ん そ う と
3. だ い に こう ぜ ん こ う の も く て き ー を
だ い いっ こう に ほ ん こ く ー み ー ん ー は
ぶ りょ く に よ る い か く ま た は ぶりょ く の
たっ ー す る た ー め り く ー かい く ーう ぐ ん
せ い ぎ と ち つ ーじょ を き ちょーう と す ー る ー
こ う し は こく さ い ふん そう を かい け つ す ー る ー
そ の た の せん りょ く は こ れ を ほ じ し な い
こ く さ い へ い わ を せい じ つ に き きゅう し
しゅ だ ん と し ー て は えい きゅう にこ れを ほ き する
く ー に の こう せん けん は これ を み と め ー な い

旋律/ベートーベンの交響曲「第九番」
詞/日本国憲法第9条
発案/秋元裕美子

第九で9条はこちらから試聴出来ます
ピースケのページ http://peaceke.blog65.fc2.com/

ところで意味はわかるかね？
無
えっ？意味ですか？
あっ…聞きほれちゃって…
無

要するにだよ、私たち国民は、正義と秩序を基にした
国際平和を心から求め、
戦争をするという国家による
特別な権利を捨てて
国際紛争を解決するために決して武力で
おどしたり、攻撃したりは、永久にしないということじゃ！

これがまず第一項の内容じゃ！
確か政府の改憲案では
この第一項は変えないようですが…
じゃなにもそんなに変わるっていうもんじゃや…

ばっかもん
無
第一項だけでは戦争はとめられないんだあ!

もっと具体的に述べた第二項があって
初めてこの条文が生きてくるんじゃ!!
この第一項の目的をまっとうするためにだよ!
陸軍・海軍・空軍などの兵隊や武器はもたんと言ってるんだ!!
そして戦争をする権利を
国には認めさせないということだ!

※パリ不戦条約……戦争の違法性を確定した最初の国際法

ワシャ
つかれた……
まだ聞きたいことがあったのに…
ねえ
じゃ
自衛隊は、どうなるの？
えっ！！

なんだと
今、なんて
言った？
ガバ
あっ
それなら
どうして
日本に
自衛隊が…
うっ…

あっ いや、なんでもないです！
先生もお疲れなようなので本日はこれにて！
ヤレヤレ
無

ボク何か悪いこと言っちゃいました？
イヤ～そんなこともないんだけどね…
九条先生、話せば話すほど過敏に反応してただろ

もうこれ以上聞いちゃあ先生も疲れてかわいそうに思ったんだ。
そうですね。
…
…
自衛隊のことだろ?
エッ、あっ…

はいそうです！どうして九条があるのに
日本には自衛隊があるのかってことです。
大事な質問だよ。
それはだねえ、この憲法九条を二つの解釈でとらえられてるからだよ。
二つの解釈!?
？
？

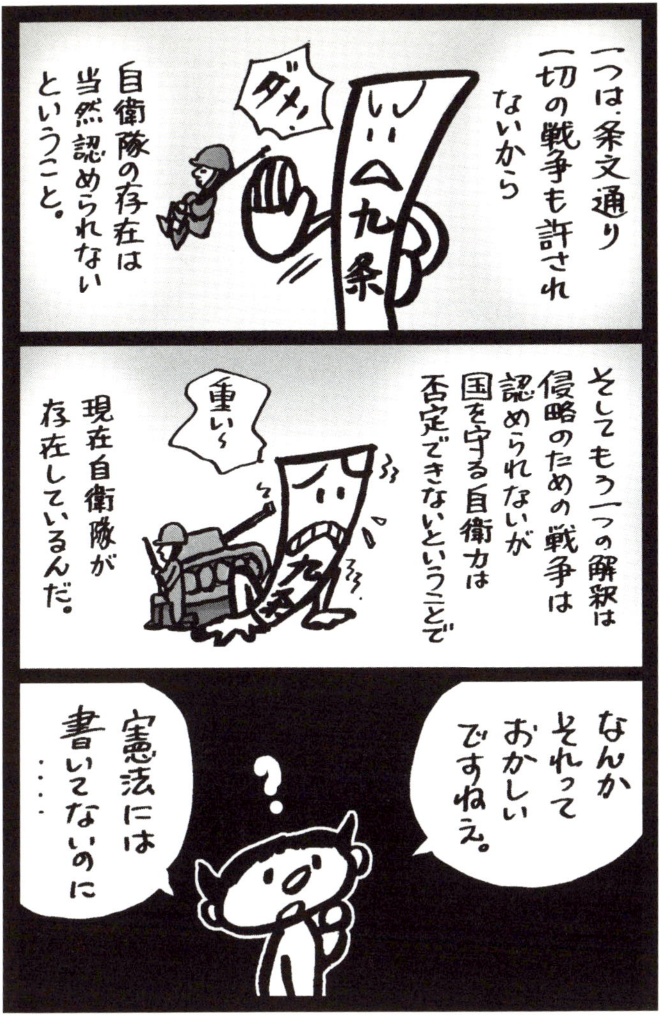
一つは、条文通り一切の戦争も許されないから
ダメ!
いい九条
自衛隊の存在は当然認められないということ。
そしてもう一つの解釈は侵略のための戦争は認められないが国を守る自衛力は否定できないということで
重い～
現在自衛隊が存在しているんだ。
なんかそれっておかしいですねぇ。
?
憲法には書いてないのに……

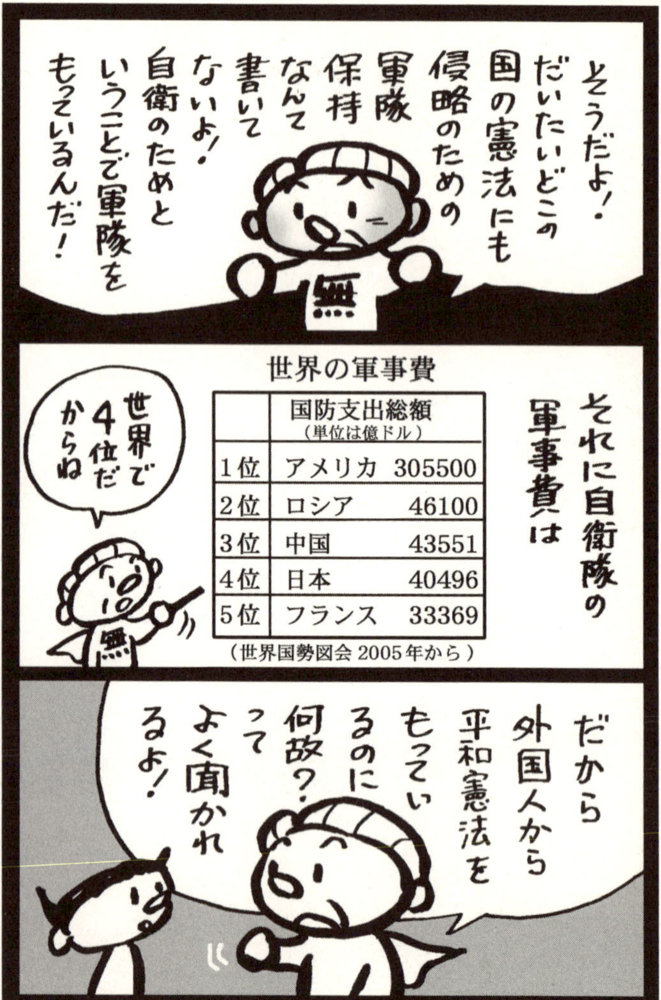
そうだよ！だいたいどこの国の憲法にも侵略のための軍隊保持なんて書いてないよ！自衛のためということで軍隊をもっているんだ！
それに自衛隊の軍事費は
世界の軍事費
国防支出総額（単位は億ドル）
1位 アメリカ 305500
2位 ロシア 46100
3位 中国 43551
4位 日本 40496
5位 フランス 33369
（世界国勢図会 2005年から）
世界で4位だからね
無
だから外国人から平和憲法をもっているのに何故？ってよく聞かれるよ！

ボクも釈然としないです。…けど
自衛隊は災害なんかの救援活動もしてますよね…
自衛隊が救援活動のみだけならなにも問題にはならないよ！
そうじゃなくて自衛隊の機能は、軍隊なんだよ!!
それにこれから日米再軍備で自衛隊は米軍といっしょに訓練を受けて、もっと危険な存在になろうとしてるんだヨ！

まっ、今の日本は、九条の気球に武器や軍隊が乗ってるようなものさ・・・・
無
九条
九条

ダッダッダッ
ヒュ〜
イヤダーー
ボクはイヤだ！
絶対にそんな日本にしたくないヨー！

じゃタロウくんは、どうしたらいいと思う？
ボッ、ボクなら…
もっと憲法の条文を徹底的に戦争ができないような文言にしたらどうでしょう。

例えば「自衛のためでも戦争はしません!」と。そうすればもっと矛盾はなくなると思います!
それって憲法を変えることになるよ!
無
そうです!「憲法を変えるな!」と固執するよりももっともっと力強い平和憲法にしたらいいんじゃないかなあ。

ほっほ～さすが若者だけに、頭が柔いねえ…
エへ
それはとてもいいと思うよ。けど…
けど？
今の憲法を変えようという主流は、九条を変えて自衛隊を認めさせることが改憲になってるんだ！

安易に改憲派になって君の思うことの逆の方向に行かないことを望むよ!!
なるほど…
他にないかな？

そうですねぇ ではもっと 憲法の中身を 具体的に 実行 していく ことで しょうか。 例えば、 無防備…
あっ！ そっかぁ…
だから 無防備 運動なんだ…
うん、 私は、今まで 戦争がおこる 度に 戦争 を反対 する 反戦運動 しか知らな かったんだ！
無

けど
この無防備地域
宣言の運動に
出会って
平時から
積極的に
平和作りができる
と思ったんだよ！
平和
という
のは、
守り
続けるという
よりも、自ら
進んで作り続
けていくことが
私は本当の
平和作りだと
思う！
憲法の前文
でも
「日本国民は、
国家の名誉に
かけて
全力をあげて
この崇高な
理想と目的を
達成することを
誓う。」
と言っている。

果して私たちはその努力を全力でやってきたのだろうか？
むしろ今の日本では、「軍事力を！」という人類の英智を後退させる風潮まで出てきているよ！
私たちはせっかく世界にもまれなこの平和憲法をもっているんだから、この理念を具体化していくことが大事じゃないかな！
無
だから私は、無防備地域宣言運動というものは、憲法を具体的に実行している一つの運動だと思っているんだよ！

そうですよね ボクも ホント
そう思います!
じゃボクたちの運動は、憲法を守る!というのではなく
憲法を活かす!運動ってことですよね!
おーい!
えっ?
その通り
無

自衛隊のことは、わかったのか!?
ハイ！本来九条では
自衛隊は作れないんでしょ！
おお…ちゃんと説明してやったんじゃな…
イエイエ先生ほどではありませんよ．

そーじゃ、
自衛隊は
違憲じゃ！
それでぼくたちの無防備の運動は
憲法を活《い》かすんでしょ！
いっ活《い》かす…

もっと憲法を
現実のものにしていくには、活かす運動が大事だと思います!
……。
……。

そうであったか！
守るだけでなく具体的に活かすのか!!
九条先生応援してくれますか？
ボクたちの無防備地域宣言の運動を！
あったり前じゃ！
ドンドンやれ！
ワシもやるゾォ!!

ヨッシャー！
ボクますますやる気でましたぁー！
オオッ…

参考図書

清野幾久子『今、考えよう！日本国憲法⑤戦争はなくせないの？』
あかね書房

『清ち島沖縄』（平和学習ハンドブック）（財）沖縄協会

『沖縄戦新聞 ── 沖縄戦 60 年』琉球新報社

『沖縄　日本軍最後の決戦』（別冊歴史読本戦記シリーズ）新人物往来社

新田重清 他『やさしくまとめた沖縄の歴史』沖縄文化社

榊原昭二『沖縄八十四日の戦い』岩波書店

文英堂編集部『要点がわかる公民』文英堂

無防備地域宣言全国ネットワーク『戦争をなくす！あなたの町から無防備宣言を（増補版）』耕文社

参考データ

ペルシャ湾・中東の輸入原油の依存度（1999 年度）
／資源エネルギー庁長官官房企画調査課（監修）
『総合エネルギー　平成 13 年度版』通商産業研究所
http://mext-atm.jst.go.jp/atomica/pict/01/01070208/04.gif

イラク戦争での犠牲者（2005 年）
／ジュネーブ高等国際問題研究所

辺野古沖への基地移設に対して（2005.11.4）
／琉球新報世論調査

米軍への予算（2005 年度）
／防衛庁

パリ不戦条約
／現代政治用語辞典
http:/pol.cside.jp/gaikou/22.html

無防備条例と署名についてQ&A

無防備地域宣言運動全国ネットワーク

無防備条例Q&A

Q：なぜ、無防備平和条例を実現したいの？

A：**日本国憲法前文と第九条の人類普遍の願いを実践したいから。**

日本国憲法前文は、「われらは、全世界の国民が、ひとしく恐怖と欠乏から免かれ、平和のうちに生存する権利を有することを確認する」とうたっています。

さらに、前文の「平和に生存する権利」を保障するものとして、第九条の規定があります。「1 日本国民は、正義と秩序を基調とする国際平和を誠実に希求し、国権の発動たる戦争と、武力による威嚇又は武力の行使は、国際紛争を解決する手段としては、永久にこれを放棄する。2 前項の目的を達するため、陸海空軍その他の戦力は、これを保持しない。国の交戦権は、これを認めない」

この平和憲法を守り、戦争に協力せず、国際人道法の内容を盛り込んだ「無防備平和条例」を地方自治体でつくりたいのです。

なぜなら、今、日本は自衛隊を海外派兵し、戦争の道をすすんでいるからです。有事法制ができ、平和憲法を変えるための検討も進められ、自治体や民間が戦争に協力させられようとしています。住民の力で平和条例を制定して、「国際平和を希求し」「平和に生存する権利」を守りたいのです。

条例では、主に、次の内容を盛り込みたいと考えています。

- 戦争に関する事務などを行なわない。
- 非核政策を徹底する。
- 平時からジュネーブ条約第一追加議定書の「無防備地域宣言」の条件を満たすよう努める。
- ふだんから平和行政をすすめ、世界の都市と平和友好関係を広げる。

Q：「国際人道法」ってなに？

A：**戦争をなくす人類の努力の中で生まれた「国際人道法」**

人類は、戦争で多くの悲劇を生み出してきましたが、一方で、戦争をなくす努力も重ねてきました。その歴史は一〇〇年以上前にまでさかのぼります（「戦争違法化の歴史」とも言います）。

そして、戦時の非人道的行為の禁止や民間人の保護などを定めた数々の条約ができ、「国際人道法」と呼ばれています。これらは、確立された国際法規になっています。

有名なのが、第二次世界大戦後、スイスのジュネーブで結ばれた「ジュネーブ諸条約」です（同時期に、日本では「平和憲法」ができました。第九条は世界でも有名です。平和憲法で、日本に住む私たちは、武器を持たないで世界の平和と幸福を実現しよう、と誓いました）。

しかし、それからも朝鮮戦争やベトナム戦争などが起こり、圧倒的に多くの民間人がまきこまれ犠牲になりました。

そこで、民間人をもっと徹底して保護するために、一九七七年にジュネーブ諸条約の追加議定書ができました。追加議定書には、世界の八割以上の国が加入しています。日本は二〇〇四年に加入しました。日本周辺国では、中国、ロシア、大韓民国、朝鮮民主主義人民共和国なども加入しています。

国も地方自治体も、「国際人道法」を遵守する必要があります。日本国憲法第九八条第二項は「確立された国際法規は、これを誠実に遵守することを必要とする」とうたっており、ジュネーブ諸条約第一追加議定書の第一条第一項で「締約国は、すべての場合において、この議定書を尊重し、かつ、この議定書の尊重を確保することを約束する」と、すべての場合において議定書を尊重することを、日本国は約束しています。

また、国民保護法第九条第二項でも、「国民の保護のための措置を実施するに当たっては、国際的な武力紛争において適用される国際人道法の的確な実施を確保しなければならない」と定めています。地方自治体も、当然、確立された国際法規・国際人道法を、誠実に遵守する必要があります。

なお、アメリカなどは追加議定書に加入せず、国際法の根拠もなしにイラクを攻撃し、民間人を虐殺しています。このような非人道的行為は、人類が積み重ねてきた戦争違法化の歴史を否定するものです。国際世論の圧力で、国際人道法を遵守させていく必要があります。そのために「国際人道法」を盛り込んだ「平和条例」をつくることは大きな意義があります。

Q：「無防備地域」ってなに？

A：「無防備地域」は、四つの条件を満たしていれば自治体が宣言できます。

ジュネーブ諸条約第一追加議定書の第五九条に「無防備地域」の規定があります。それは、武力紛争がさしせまった時、武器や軍隊を持たない地域を「無防備地域」として宣言できる規定です。その「宣言」をすると、地域全体がまるごと攻撃禁止になり、違反すると戦争犯罪になります。

「無防備地域」は、次の四つの条件を満たしていれば自治体が宣言できます。

（a）すべての戦闘員が撤退しており、並びにすべての移動可能な兵器及び軍用設備が撤去されていること。

（b）固定された軍事施設の敵対的な使用が行われないこと。
（c）当局又は住民により敵対行為が行われないこと。
（d）軍事行動を支援する活動が行われないこと。

歴史が明らかにしているように、戦争で一番被害を受けるのは一般住民です。特に、軍事施設や軍隊の近くにいる住民が犠牲になります。

第一追加議定書の第五八条（b）には、「人口の集中している地域又はその付近に軍事目標を設けることを避けること」という規定があります。

その次の第五九条で、武器や軍隊を持たない地域を「無防備地域」として宣言できるようになっています。

Q：「無防備地域宣言」を条例に盛り込む意義は？

A：平時から「無防備地域」の条件を守ることにこそ大きな意味があります。

憲法第九条の「正義と秩序を基調とする国際平和を誠実に希求し……」の主語は「日本国民」ですが、当然、地方自治体にもあてはまります。

私たちは、戦争で子どもたちなどが犠牲になるのを見たくはありませんし、戦場にも行かせたくはありません。

「無防備地域」の四つの条件は、武器を持たないで世界の平和と幸福を実現しよう、と誓った憲法を地域レベルで具体化することです。言い換えれば、「憲法や国際人道法を誠実に遵守しよう」ということです。

地方自治体には、住民の安全と平和を守る責任と権限があります。自治体の日常的な国際交流事業、平和友好都市づくり、国際機関への働きかけなどは「自治体の平和外交」とも言われています。地方自治体は、平和を実現する力をもっています。

これは、今、国が進めている軍事力の強化（有事法制定、自衛隊の海外派兵・再編・強化など）と違う方向であり、外交や防衛の分野を、国に独占（または支配）させてはいけません。

『無防備平和条例（案）』には、地方自治体が制定した『平和都市宣言』などを発展させ、普段から「無防備地域」の四条件を地域に実現していき、戦争に協力しない、させない内容となっています。

Q：「無防備地域」の先例はありますか？

A：「パリ」「ローマ」「沖縄の前島」などがあります。

一九〇七年のハーグ条約に「無防守都市」（非防守都市）という規定があり、それが「無防備地域」

の前身です。第二次世界大戦中のローマやパリでは、無防守都市の宣言をし、ドイツ軍による砲撃をまぬがれました。

その「無防守都市」の規定をさらに発展させたのが、ジュネーブ諸条約第一追加議定書の「無防備地域」です。

日本でも、第二次世界大戦中、軍隊を拒否して、戦禍をまぬがれた地域があります。沖縄本島とその周辺では、沖縄戦で住民の約四分の一が犠牲になりましたが、沖縄・渡嘉敷《とかしき》村の前島は、ほとんど攻撃されませんでした（本書「無防備地域だったから救われた前島」参照）。

中米のコスタリカは、一九四九年のコスタリカ憲法第一二条で軍隊を廃止しました。一九八三年、非武装永世中立を大統領宣言し、諸外国に通知しました。そして一九八七年には、アリアス大統領（当時）がニカラグア紛争に対する和平案を出し、ノーベル平和賞を受賞しています。コスタリカは、多数の難民を受け入れ、国連国際大学や米州人権裁判所を誘致しています。国家予算の約二〇％は教育費です。

Q：「無防備地域」で大丈夫なの？

A：「我が国に対する本格的な侵略事態生起の可能性は低下……」

二〇〇四年一二月一〇日に閣議決定された「新防衛大綱」には、「我が国に対する本格的な侵略事態生起の可能性は低下……」と書かれています。つまり、本格的に侵略される可能性が低下していることを政府が公式に認めているのです。

ですから、「攻められたら……」という心配をされている方は、「とりあえず、冷静になって、心を落ちつけてください」と申しあげたいと思います。

でも心配な方のために、もう少し説明します。

ジュネーブ諸条約とその追加議定書は、徹底した文民の保護を目的にしています。紛争当事者は、たとえ地域を占領しても、住民生活を守り、人権を保護し、地域の法律に従わなければなりません。「無防備地域宣言」をしても、秩序の維持のための警察の存在も認められていますし（第五九条第三項）、住民による非暴力の抵抗運動（ストライキや座り込みなど）もできます（無防備地域の条件（c）は、非暴力・平和的な抵抗運動を含みません）。武器を持たない住民である私たちは、「国際人道法」と「憲法第九条」を世界に発信し、平和を求める国際世論を大きく喚起することによって、国際平和と住民の安全を保障していきたいと思っています。誰の命も戦争で奪われないために、奪わせないために……

繰り返しになりますが、「無防備地域宣言」を条例に盛り込む意義は、武器を持たないで世界の平和と幸福を実現しよう、と誓った憲法の内容を地域レベルで実現することです。

日本と朝鮮民主主義人民共和国（北朝鮮）との外交問題についても、国連憲章、国際人道法、憲法前文・第九条の理念に沿って、お互いの信頼関係を積み上げ、平和的に解決していくことが大切だと考えます。

私たちは、自分たちの住む街や地域を愛しています。そして、命を大切にしたいと考えています。世界中の人々にとっても、その願いは同じだと思います。それを、愚かな人間の行為として破壊するのが戦争です。戦争のない世界をつくるために、「無防備平和条例」をめざしているのです。

〈無防備条例〉署名についてQ&A

Q：この署名の目的は？

A：地方自治体に「無防備平和条例」の制定を求める署名です。国際人道法のジュネーブ条約第一追加議定書（一九七七年制定）の五九条を活用した条例です。「自分たちだけを守る」ことが目的ではなく、戦争しない地域を広めていくための署名です。

Q：この署名を取り組む意味は？

A：最近でも、アフガン・イラク攻撃や占領で、多くの住民が犠牲になっています。そして、日本政府は、それに賛成し、資金を提供し、自衛隊を多国籍軍に参加させました。また、有事法制を制定し「戦争する国」に急ピッチで進んでいます。

そして平和憲法を全面的に改悪し、戦争のできる新憲法を制定しようとする動きが自民党を中心に起こっています。この条例制定運動は、住民の平和は武力ではなく国際人道法で守るということを内外にアピールするものです。

Q：条例の有効性は？　どんな効果がありますか？

A：国連加盟国の八五％の国が批准し、国際慣習法として確立した条約を根拠にしていますので、有効性はあります。日本政府も条約に批准するとき「すべての場合において条約を尊重することを約束」しています。

「無防備地域宣言」の宣言主体は「自治体当局も含む」というのが、赤十字国際委員会を含む国際的な解釈です。

Q：「直接請求」とは？

A：住民が、新しい条例を要求したり、これまでにある条例の改正や廃止を自治体に求めることができる制度です。地方自治法第一二条、第七四条などに定められた住民の権利です。直接請求の署名が有権者の五〇分の一以上集まると、地方自治体の長は意見を付して地方議会に諮《はか》らなければなりません。地方議会が条例案を採択すれば成立します。

Q：「直接請求」の署名と、「普通」の署名との違いは？

A：「直接請求」の署名は、地方自治法に基づいて住民の権利を行使するものですから、署名のやり方が違います。

一番大きな違いは、署名期間が一か月間に限定されていることです。また、署名を集める人（受任者）も、署名をする人も、有権者である必要があります。

Q：「受任者」とは？

A：署名運動代表者（請求代表者）から、署名を集めることについて委任を受けた人のことです。

つまり、署名を集める人です。受任者も選挙管理委員会に届ける必要があります。

Q：誰でも受任者になれるのですか？

A：地方自治体の選挙人名簿に登録されている方（有権者）なら誰でもなることができます。

また、署名期間中でもなることができます。

Q：署名できる人は？

A：地方自治体の選挙人名簿に登録されている方（有権者）のみです。また、受任者は、地方自治体の有権者であれば誰からでも署名をしてもらえます。署名簿には、署名年月日・住所・氏名・生年月日を書き、押印（拇印でも有効）をしてもらいます。

Q：日付は「元号」表記しなければいけないのですか？

A：法律で様式まで定められているため使用しています。ただし、「生年月日」は西暦で記入しても有効です。

Q：なぜ、生年月日や印鑑（拇印）がいるのですか？

A：生年月日は、署名をした人が有権者であることを、地方自治体の選挙管理委員会が審査するためにどうしても必要なのです。

また、印鑑（拇印）についても、法律で「署名簿に署名し印を押した者」と定められているためにどうしても必要なのです。

署名簿は、地方自治体の選挙管理委員会に提出します。提出後二〇日以内に、選挙管理委員会において有権者の確認が行われますが、その際、生年月日や印鑑（拇印）のないものは無効にされてしまいます（詳しくは「地方自治法施行令」をご確認ください）。

Q：在日外国人の方や二十歳未満の署名の取扱いは？

A：現行の制度では、どうしても無効になり、有効署名数としてカウントされません。しかし、住民の意志を示すものとして署名していただく意義はあります。

Q：署名を集める方法は？

A：いろいろな方法で集めることができます。制限は特にありません。何時以降運動してはいけないという時間帯の制限もありません。わかりやすいチラシを独自に作ったり、マイクを使って街頭で呼びかけることもできます（署名期間は必ず守ってください）。

署名は例えば

・まず、自分がする。・家の人にしてもらう。・となり近所の方にしてもらう。・よく行くお店の店主などにお願いする。・職場、学校、趣味のサークルの人、友人などにお願いする。・平日、住民が利用する市役所・図書館などの周辺で集める。・駅前や商店街、大型店、公園、イベント会場など、多くの住民が集まる場所に出かける。・戸別訪問も自由にできます。

Q：署名を集めるにあたって、注意することは？

A：せっかくしてもらった署名が無効にならないように、次のような点に注意してください。

1　記入する項目

（1）署名年月日　（2）住所　（3）生年月日　（4）氏名　の四つを記入してもらってください。その上で（5）印鑑を押してもらってください。このうち氏名だけは必ず本人に書いてもらってください。

2　数字、年月日

数字は、アラビア数字（「1、2、3」）でも漢数字（「一、二、三」）でも有効です。生年月日は西暦でも有効です。

3　氏名

「ひらがな」「カタカナ」でも、本人の署名の意志がはっきりしていれば有効です。しかし、基本的には、住民票どおり記入してもらってください。

4　「同上」「〃」などの使用

住所が同じ場合、前の人に続いて「同上」「〃」等を使っても有効です。

5　印鑑

同じ家族の方は、同一の印鑑を使っても有効です。印鑑は認印でもかまいません。シャチハタ印でもOKです。印鑑を持っていない方は拇印を鮮明に押してもらってください。拇印はどの指でもかまいません。

6　代筆

身体の障害や読み書きできないために署名することができない場合は、代筆ができます。代筆された方にも、住所・氏名・生年月日・押印をしてもらってください。なお、受任者・請求代表者は代筆できません。

7　訂正

いったん記載したものを訂正するときは、二本線で全部抹消し、別の欄に再記入してもらってください。

8　署名簿の取扱い

署名簿から署名用紙をはずしたり、用紙を継ぎ足したりすることは絶対しないでください。すべてが無効になります。

〈無防備条例〉署名の取り組み経過表

	自治体	署名期間		有権者数		署名総数	
		人口		法定数		有効署名数	
1	大阪市	期	04/4/23 ～ 5/23	権	2,073,115	総	61,047
		人	2,633,819	法	41,463	有	53,657
2	大阪府枚方市	期	04/8/27 ～ 9/26	権	321,396	総	20,506
		人	404,187	法	6,428	有	18,621
3	東京都荒川区	期	05//1/14 ～ 2/13	権	146,842	総	8,106
		人	188,781	法	2,937	有	6,662
4	神奈川県藤沢市	期	05/1/28 ～ 2/27	権	316,455	総	19,989
		人	393,725	法	6,350	有	18,703
5	兵庫県西宮市	期	05/4/29 ～ 5/28	権	363,300	総	20,490
		人	460,759	法	7,279	有	18,051
6	滋賀県大津市	期	05/9/16 ～ 10/16	権	236,859	総	12,313
		人	303,013	法	4,738	有	11,039
7	大阪府高槻市	期	05/10/1 ～ 10/31	権	288,570	総	13,567
		人	356,170	法	5,772	有	12,518
8	奈良県奈良市	期	05/10/15 ～ 11/14	権	301,596	総	14,288
		人	365,730	法	6,033	有	12,918
9	東京都品川区	期	05/10/28 ～ 11/27	権	290,750	総	10,034
		人	331,632	法	5,816	有	8,694
10	京都市	期	05/10/29 ～ 11/28	権	1,155,915	総	41,125
		人	1,466,321	法	23,119	有	36,989
11	千葉県市川市	期	06/3/18 ～ 4/17	権	375,355	総	12,550
		人	464,444	法	7,530	有	11,119
12	沖縄県竹富町	期	06/3/28 ～ 4/27	権	3,360	総	1,152
		人	4,188	法	67	有	1,096
13	東京都日野市	期	06/4/8 ～ 5/7	権	139,888	総	6,189
		人	173,247	法	2,814	有	5,550
14	東京都国立市	期	06/4/22 ～ 5/21	権	59,484	総	5,104
		人	73,699	法	1,192	有	4,361
15	東京都大田区	期	06/4/29 ～ 5/28	権	560,856	総	17,638
		人	680,129	法	11,234	有	15,720
合計等		人口	8,299,844	権	6,633,741	総	264,098
				法	132,772	有	235,698

無防備地域宣言運動全国ネットワーク
〒 543-0014 大阪市天王寺区玉造元町 2-31-302 やまおかビル
TEL/FAX 06-6761-6145　E-mail : peace@cside.to
URL : http://peace.cside.to/

寄稿

戦争のない世界を実現するために

斎藤　貴男

二〇〇六年十月九日午前、朝鮮民主主義人民共和国（北朝鮮）の朝鮮中央通信は、地下核実験を成功させたと発表した。これを受けて韓国大統領府は、同日午前十時三十五分頃（日本時間も同じ）、北朝鮮北東部の咸鏡北道《ハムギョンプクト》で地震波を感知したと公表。その後のアメリカ合衆国の調べによると、周辺地域の大気から放射性物質が検出されて、地下核爆発の事実が確認されたという。

北朝鮮はこの三ヶ月前の七月五日にも、合計七発のミサイルを日本海に撃ち込む発射実験を行っている。核実験と併せて、これらの行動が直ちに核ミサイルの実戦配備に繋《つな》がることにはならないにせよ、東アジアの安定に不吉な影を落とす暴挙であることは論を待たない。

はたして日本国内では、やたら好戦的な主張がこれまで以上に勢いづいた。撃たれる前に撃て、とする先制攻撃論は、たちまち核武装論にまでエスカレートしていく。核保有のための議論を、とテレビ番組で呼びかけた自民党の中川昭一政調会長は、後に講演先で北朝鮮から核攻撃を受ける可能性を問われて、「あの国の指導者は、ごちそうを食べ過ぎて糖尿病ですから、考えてしまうかもしれない」などと答えていた。

口先の挑発ばかりでは必ずしも、ない。国連安全保障理事会の制裁決議に乗じて、日本政府はより強硬な姿勢を打ち出してもいる。金融制裁など独自の対応を模索《もさく》しているほか、周辺事態法の適用さえ検討され始めたというから、事態は深刻だ。同法の適用はそのまま戦時体制への移行を意味してしまう。折しも弾道ミサイル防衛（ＢＭＤ）構想の一環として沖縄の嘉手納基地への配備が急がれている地対空誘導弾パトリオット二十四基の発射台の一部が、二〇〇六年のうちにも迎撃態勢を整えられることが明らかになった（『沖縄タイムス』十月十九日付朝刊など）――。

以上のような状況下にあって、それでも「無防備平和条例」を、と叫び続ける私たちの主張に、多くの方々は驚かれるに違いない。いや、昨今の風潮を顧みれば、アカだのサヨクだの非国民だの、挙句の果ては金正日《キムジョンイル》将軍の手先呼ばわりで、せせら笑われるのが関の山なのかも。

あらゆる事象に対して、誰がどのような態度を取るのも自由だ。嘲《あざけ》りたくば嘲《あざけ》るがいい。だが、たとえば書店などで本書を手に取って、何か少しでも引っかかるものを感じられたら、わずかな時間でよいから、どうか改めて考えてみてほしいのだ。

私たちは何も、一足飛びに非武装中立を実現しようとしているのではない。そんな生易しいものではないことなど、百も承知している。そうではなく、日本国憲法に示された非戦の誓いを、今度こそ本物にしていくために、無防備平和条例という発想を活用して、少しずつ歩んでいこうではないか、と提案しているのである。

訪れたことがないのではっきりしたことは言えないのだが、なるほど北朝鮮の現体制は常軌《じょうき》を逸《いっ》しているところがあるようだ。けれども、だったらなおのこと、追い詰めないことが大切だと思う。相手を非難するだけでなく、彼らがなぜあのような行動を取りたがるのかを考え、その原因を解消していくように努める必要があるのではないか。

特に日本の、というよりは日本列島に拡大されていく一方の米軍および自衛隊〝連合軍〟の再編成は、北朝鮮側にしてみれば、不気味きわまりない動きであるはずだ。脅威なのはあちらの方だと愛国者を自認する方々は返したいだろうが、この際、国力の差を想起されたい。そもそも自国の立場だけで物事を進めてことが足りるのであれば、誰も苦労しない。戦争のない世界を本気で実現しようという強烈なメッセージを、市民一人ひとりの側から発信し続けることこそが重要なのだと、私は考えている。

相手方の理屈を知ろうとする態度そのものが自虐だと言われるようなら、これ以上の議論は成立しにくい。私はただ、北朝鮮をこれ以上に孤立させれば、戦前、国際社会から総スカンを食った当時の日本と同じような反応を導く危険性がますます強くなるとだけ言い残しておこう。

お題目《だいもく》ばかり唱えていても平和は実現できないと言われる。その通りだが、敢えて私は問い返してもみたいのだ。お題目さえ唱えず、武装を強化していくのでは、平和など未来永劫《えいごう》、実現できるはずがないし、それどころか最後は戦争で決着をつけるしかない羽目に陥るに決まっているではないか、と。

できることからやっていこう。たとえ蟻のようにゆっくりと、もしかしたら徒労に終わってしまうかもしれないけれど、無力感など覚えている暇はない。戦争だけは嫌いだ。戦争を回避する可能性が一パーセントでも残っている限り、私は持てる力を振りしぼって、場合によっては己の信念を曲げてでも、全力を尽くしていこうと思う。

本書の著者であるあきもとゆみこさんに、『無防備マンが行く!』を本にして出版したいのでどこか版元はありませんかと相談されたのは、二〇〇六年の正月明けのことだったと記憶している。持ち込みに手を貸してよかったと思ったことなど一度もなかったなぁとは思いつつ、なんとなく断りきれずに承知して数日後。さっそく送られてきた原稿を一読して驚いた。

ものすごく面白い。絵はかわいいし、物語の展開と主張が見事にマッチしている。前年に拙著『人間選別工場』を出版していただいた同時代社の高井隆さんに慌てて繋ぎ、今回の刊行に至ったという次第であった。

ところで、あきもとさんの本職は「似顔絵師」である。若い頃から大阪のキタやミナミの盛り場で、酔客の似顔絵を描いては日銭を稼ぐ〝流しの似顔絵描き〟を続けてきた。下積みの経験が、平和への思いと、それを説得力を以って表現する技術の裏づけになっているのに違いない。

あとがき

あきもとゆみこ

まず、私のピースの活動について自己紹介致します。
湾岸戦争をキッカケに平和のことを考えるようになりました。だけど、平和について話をすると「サヨク?」と怪訝な顔をされることもしばしば。「命が大事だから戦争を反対してるだけなのに何故そう言われるんだろう?」そんな思いから、ピースにケをつけて「ピースケ」というハートマークのキャラクターを絵描き仲間で作りました。キャラクターを見た人が「これ何?」というところから平和の話ができれば……そんなノリで似顔絵のイベントなどをしながら、イラクの子供達を中心に支援活動を細々続けております。
そもそも私が、無防備マンを描いたのは、もちろん無防備地域宣言の運動を理解してもらうためでしたが、もっと平和について深めたいと思ったからです。だいたいほとんどの人が戦争は嫌なはずですよね。だけど、私のように「絶対に戦争はなくさないなければ!」と思う人間と「戦争はよくないけど仕方ない」とあきらめてしまう人間に分かれるんじゃないでしょうか。そりゃあきらめてしまったら、戦争はなくなりません。だからあきらめない人が、増えていくことが大事だと思い

ます。

それと「無関心」「そんな遠くの戦争なんて関係ないわ、自分の生活だけでも大変なのに……」そんな心も戦争をなくすことを遠ざけています。資源のない我が国は、いろいろな国々の資源を得ることで、私たちの生活が成り立っているってことをもう一度考えてほしいですね。

でもこの頃、私たちの国が少し変だと思いませんか？「攻撃されたらどうするんだ！」という恐怖心や「もっと強い日本を！」という表面的なプライドを揺り動かす風が吹きまくっています。こんなことでは、九条憲護氏の嘆き通りになっていくんじゃないかと非常に心配なのです。「恐怖心」「プライド」そして「攻撃心」の三つの心が増えていくと戦争のベクトルのコマが進んでしまいます。今は北朝鮮の核実験やテポドン騒動でそっちのコマが進みだしていますし、憲法第九条改正（？）を表明している安倍内閣政権ができたことで更にコマが進んでしまったと思います。

こうした中、私は無防備マンで少しでも引き戻したいです。だいたい平和や安全というものが、軍備で作ったり守られるものではないのは、今まで散々やってきた戦争の惨劇が充分証明していますす。そんな二〇世紀の遺物に、まだ頼ろうと思う人間の頭に進歩がないというか愚かとしか思えません。軍備をなくす平和の作り方は、無防備だけではありません。

実際に紛争地帯で、武器を使わずに停戦に持ち込んでいる「非暴力平和隊」というガンジー思想を土台にした国際NGOが活躍してます。また、フィリピンでは無防備地域宣言のような「ピース・ゾーン」というエリアを作って、この地域では戦闘活動はできない取り決めをして成功している実態もあります。住民達が「自分たちには幸せに生きる権利がある！」という信念で、国際法を使わなくても政府軍と反政府軍と、それぞれに交渉をしピース・ゾーンを作ってきています。他にも、それぞれの国に国防省はあっても「平和省」はないので、それを作ろうという国際的な運動も始まっていますし、徹底した対話外交で軍隊を持たないコスタリカのような国が世界に二七カ国もあります。また、学問の上からも「平和学」というのも確立されてきています。そんな世界にある様々な平和やその作り方を知らない人の方が多いのではないでしょうか。私はこれからそういった平和の作り方を、どんどん紹介していきたいです。
　そして最後に一言、「もう、戦争なんかやってる場合じゃない!!」そんな人間同士の争いよりも、今は地球の環境問題（CO_2だけでなく原子力もね）を、人類全員で考えていかなければならない時代に入っています。将来人類が生きていけるかどうかは、今の私たち次第です。そのためには日本人という小さな視点だけでなく「地球人」という大きな視点が必要不可欠になります。
　最後の最後に、この本を作るにあたって、いろいろな方々にお世話になりました。まず、コメントをいただいた斎藤貴男さんのおかげで出版に至りました。そして沖縄戦の体験を話して下さった宮里泰永さん、沖縄の方言を指導していただいた芳沢章子さん、監修していただいた前田朗さん、無防備地域宣言運動の沓沢大三さん、飯田ご夫妻、出版社の高井隆さん、そして関係者のみなさまへ、おおきにです！

〈作者略歴〉

あきもとゆみこ

大晦日生まれ。

大阪成蹊女子短期大学デザイン美術科卒業後、OLなどを経て、似顔絵を描きながら日本各地を放浪の旅へ、その後ネオン街を流す似顔絵師として、マスコミに注目され、歌手デビューも。現在、似らすとれーしょん（似顔絵）の教室を開講しつつ、9999人の「第九で9条」プロジェクトを立ち上げ、各地で唄いまくっている。

まんが「無防備マンが行く！」のブログ http://no-war.net/manga/

寄稿　斎藤貴男

1958年生まれ。ジャーナリスト。無防備地域宣言運動1000人アピール呼びかけ人。著書に『機会不平等』（文春文庫）、『人間選別工場』（同時代社）、『ルポ 改憲潮流』（岩波新書）、『分断される日本』（角川書店）など多数。

監修　前田 朗

1955年生まれ。東京造形大学教授、日本民主法律家協会理事、無防備地域宣言運動1000人アピール呼びかけ人。著書に『市民の平和力を鍛える』（ケイ・アイ・メディア）など多数。

協力　無防備地域宣言運動全国ネットワーク

まんが　無防備マンが行く！

2006年11月15日　初版第1刷発行

著　者　あきもとゆみこ
発行者　川上　徹
発行所　同時代社
〒101-0065　東京都千代田区西神田2-7-6　川合ビル
電話 03(3261)3149　FAX 03(3261)3237

制　作　いりす
印　刷　中央精版印刷株式会社

ISBN4-88683-588-0